MW01596505

Der unverzichtbare

Mops
Knigge

Der unverzichtbare

Mops
Knigge

GEMMA CORRELL

KNESEBECK

Titel der Originalausgabe: *A Pug's guide to Etiquette*
Erschienen bei Dog 'n' Bone Books, einem Imprint von
Ryland Peters & Small, 2013
Text und Illustration © Gemma Correll 2013

Deutsche Erstausgabe
Copyright © 2013 von dem Knesebeck GmbH & Co.
Verlag KG, München
Ein Unternehmen der La Martinière Groupe

Übersetzung: Christine Schnappinger, München
Umschlaggestaltung: Leonore Höfer, München
Satz, Lektorat und Herstellung: VerlagsService
Dr. Helmut Neuberger &
Karl Schaumann GmbH, Heimstetten
Printed in China

ISBN 978-3-86873-612-0

www.knesebeck-verlag.de

Inhalt

EINFÜHRUNG

Der moderne Mops entwickelte sich ausgehend vom chinesischen Lo Sze hin zu jener charaktervollen, attraktiven, gepflegten Hunderasse, die wir heute kennen. Der Mops ist der liebenswürdige Champion der Hundwelt; ein grunzender, schnaubender, prustender Botschafter der kleinen Kläffer; nicht viel größer als eine Katze, mit der stämmigen Rundlichkeit eines ungewöhnlich regsamen Warzenschweins. Als Ergebnis der Züchtkunst tibetischer Mönche ist der Mops seit Jahrhunderten beliebt; er war als gehätscheltes Haustier lange Zeit Königen und Adligen vorbehalten (wie beispielsweise Queen Victoria und Marie Antoinette) und war Muse berühmter Künstler (wie William Hogarth) — diesem ehrenvollen Ruf muss er bis heute gerecht werden. Die Tradition erlegt einem gut erzogenen Mops also strenge Etikette und Anstandsregeln auf. Sich im Minenfeld potenzieller Fettnäpfchen sicher zu bewegen, mag manch jungem Mops Schwierigkeiten bereiten, solange er mit den Konventionen gepflegter Umgangsfomen noch nicht vertraut ist. Schnell wird er jedoch Gefallen finden an der Befriedigung, die tadelloses Betragen mit sich bringt. Er wird einsehen, dass Aktionen wie »Um-Futter-Betteln«, »Nur-das-Körbchen-voll-Haaren« und »Sich-im-Nachbarsgarten-Erleichtern« eklatante Verstöße gegen die Mopsetikette darstellen; es ziemt sich für einen Mops einfach nicht, sich wie ein gewöhnlicher Hund zu verhalten. Ein wohl erzogener Mops muss verinnerlichen, dass über allem (neben allem Knüpfen von Kontakten, Schnüffeln und Schlabbern) stets sein Wunsch steht, sich auf gewinnende und charaktervolle Weise zu benehmen.

Diverse gute Eigenschaften besitzt der Mops bereits von Natur aus, ist er doch von Geburt an ein Glückskind mit ausgeglichenem Gemüt und einem schier unfehlbaren Gespür für das Aufspüren von Futter. Es ist stets oberste Pflicht des Mopses, seinen Menschen zu amüsieren, ihn nach jeglicher Abwesenheit enthusiastisch zu begrüßen (selbst Rückkehr

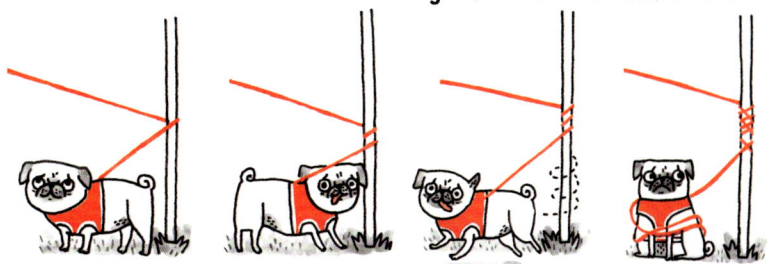

nach nur kurzem Aufenthalt im Bad rechtfertigt gute zehn Minuten begeisterten Springens und Kläffens) und sich auf verschiedenste Weise nützlich zu machen. Der vorbildliche Mops muss stets danach streben, die melancholische Fassade zu wahren, mit deren Hilfe er sein optimistisches Innenleben (strotzend vor Liebe, Freude und unverdauten Leckerlis) perfekt maskiert. Er weiß Balance zu halten zwischen manischer Tollerei und nahezu bleierner Schläfrigkeit, stets darum bemüht, 20 Stunden täglich schnarchend zu verbringen. Er wird sein Möglichstes geben, um dem Mops-Motto »Carpe Leckerli« (»Pflücke das Fresschen«) gerecht zu werden und sich an den Leitsatz der Mopsheit zu halten:

»Selbst wenn du einen Mops ans Wasser lockst, wirst du ihn nicht zum Baden bringen.«

DIE BERÜHMTEN MOPSKOPF-SCHRÄGHALTUNGEN

LECKERLI!

GASSI!

ANANASHÄPPCHEN

BRUTTOINLANDS-PRODUKT VON JAPAN!

DIE GOLDENE MOPSREGEL

Schlabbere! Schlabber oft und gründlich. Schlabbere, bis du nicht mehr schlabbern kannst! Schlabbere notfalls Luft.

Merkmale des eleganten Mopses

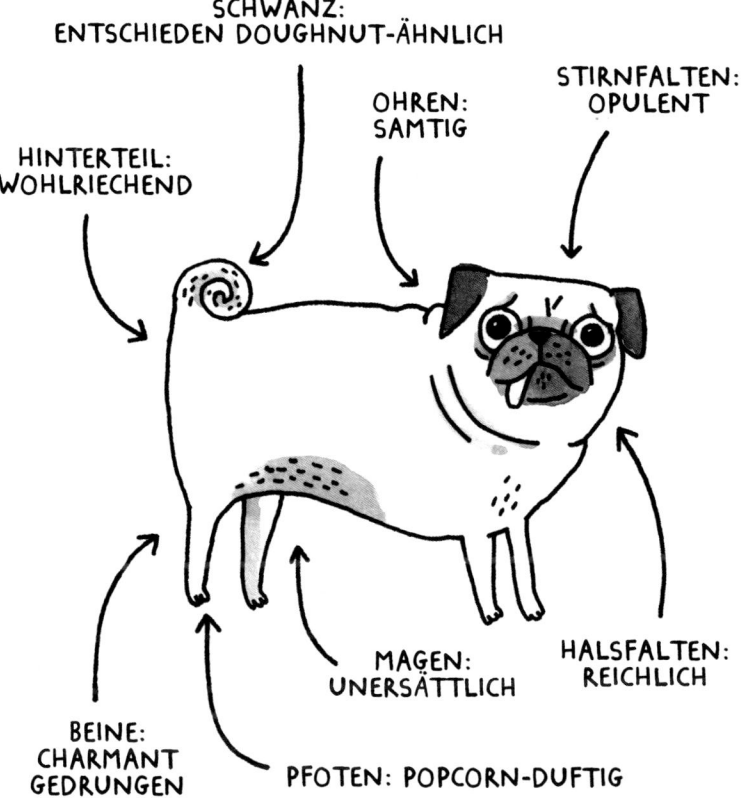

SCHWANZ:
ENTSCHIEDEN DOUGHNUT-ÄHNLICH

OHREN:
SAMTIG

STIRNFALTEN:
OPULENT

HINTERTEIL:
WOHLRIECHEND

MAGEN:
UNERSÄTTLICH

HALSFALTEN:
REICHLICH

BEINE:
CHARMANT
GEDRUNGEN

PFOTEN: POPCORN-DUFTIG

Mopshaar betreffend ...

Ein wohlerzogener Mops zeigt seine Zuneigung stets selbstlos und großzügig, indem er generös Haare in seinem ganzen Zuhause und überall auf seinem Menschen verteilt.

FELLPFLEGE

Fellpflege ist von äußerster Wichtigkeit und mit genüsslichem Grunzen zu quittieren.

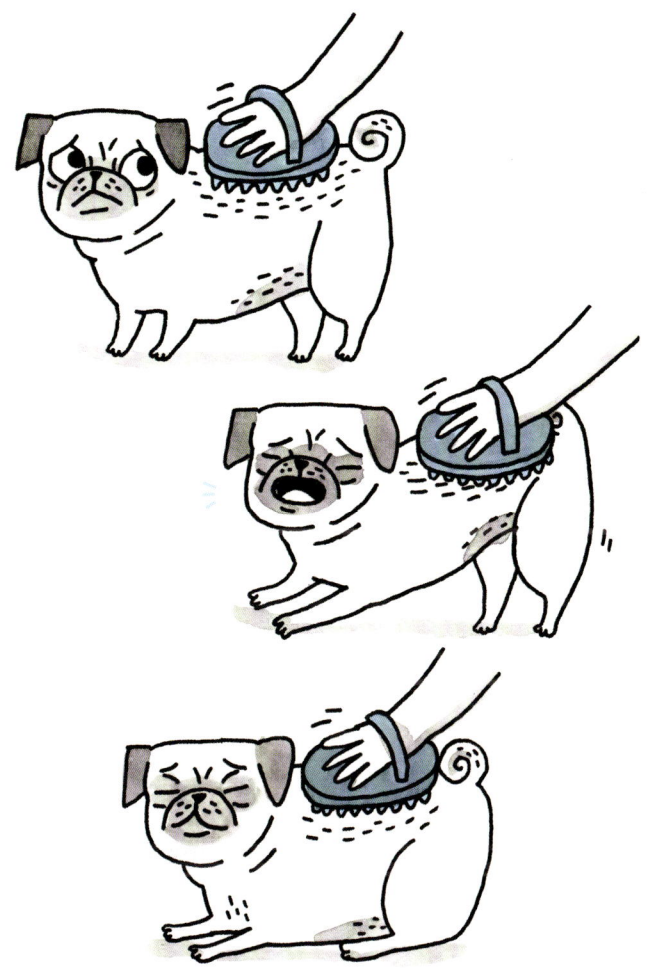

KRALLEN KNIPSEN

Nagelpflege sollte niemals widerstandslos
sondern stets unter aufmüpfiger Zurschau-
stellung äußersten Verdrusses erduldet werden.

MOPSTOILETTE

Es wäre ungebührlich für einen Mops, seine Körperpflege nicht in aller Öffentlichkeit und Lautstärke vorzunehmen.

SONNENBADEN

Ein blasser Bauch ist unverzeihlich. Ein Großteil des
Sonnenbads sollte der Unterseite gewidmet werden.

Doofe Outfits

Es ist traurige Realität, dass viele Menschen dazu neigen, unschuldige Möpse in lächerliche Outfits zu stecken. Wenn du solch Demütigung ertragen musst, versuche, die Ohren steifzuhalten und so gut wie möglich Haltung zu bewahren.

Die Wahl der Künstlernamen

Kultiviere eine geheimnisvolle und faszinierende Persönlichkeit, indem du dir diverse Pseudonyme zulegst.

SIR PUGGINGTON

SCHNUBBEL-BACKE

PLUSTILEIN

STINKER

BUBU

WOLLEPU

DIGGER

SNOOPY

RINGEL-SCHWÄNZLEIN

MOPSELBÄR

NU NU

BUTTER-BOHNE

SCHNUFFEL-MONSTER

PÜFFELCHEN

SCHNÄUFELCHEN

MONSIEUR PUPU

STINKBOMBO

KOTZEBÄR

HONIGPFÖTCHEN

WINNIE WUPP

Badezeit

Ein vornehmer Mops wird seinem Menschen
niemals gestatten, unbeaufsichtigt zu baden.

SCHUTZKRAGEN BETREFFEND

Ein wohlerzogener Mops weiß stets Würde zu bewahren, sogar in Situationen äußersten Unbehagens.

GEPFLEGTE KONVERSATION

Es ist Grundbestandteil der Ausbildung guter
Manieren, dass ein junger Mops lernt, sich in
Gesellschaft angemessen zu betragen.

Kapitel 2

Möpse zu Hause

Die Morgenroutine: Aufweck-Zeremonien

DER GESICHTS-TAPSER

Nach dem Aufstehen (vorzugsweise zu angemessen früher Stunde) solltest du sicherstellen, gründlich genug über Gesicht und Weichteile deines schlafenden Besitzers zu trampeln.

DER OHREN-SCHLABBERER

DER AUF-NASENHÖHE-PUPS

DIE ATEMBREMSE

Die Morgenroutine:
Geschlossene Türen

Versperrte Türen im Mops-Zuhause dürfen niemals toleriert werden. Sollten selbige entdeckt werden, ist es angebracht, an der Blockade zu kratzen und herzergreifend zu jammern. Sollte dir der Durchgang freigegeben werden, musst du ihn aber keineswegs benutzen.

Ausser-Haus-Gehen

MAHLZEITEN:
KÜCHEN-KOMMANDO

Es ist unerlässlich für einen Mops, Kontrolle über sämtliche die Küche betreffenden Aktivitäten zu erlangen. Die beste Position zur umfassenden Überwachung ist zwischen den Füßen des Kochs.

MAHLZEITEN:
FRESSEN AUF ZEIT

GURGEL

RÜLPS

Um dein Verdauungssystem gesund zu er-
halten, ist es ratsam, von Zeit zu Zeit so
hastig zu schlingen, dass du den Inhalt deines
Magens unmittelbar danach auf dem teuren
Perserteppich auswürgen kannst.

MAHLZEITEN:
ESSENSZEITPLÄNE

Regelmäßige Essenszeiten müssen absolut einge-
halten werden. Die Mahlzeiten dürfen maximal
eine Minute später als gewohnt serviert werden.
Im Falle einer Verspätung kannst du deinem Kummer
sofort mit lauter Stimme theatralisch Luft machen.

Exzellenter Service

Ein vorbildlicher Mops macht sich seinem Menschen unentbehrlich, indem er ihm manch nützlichen Dienst erweist.

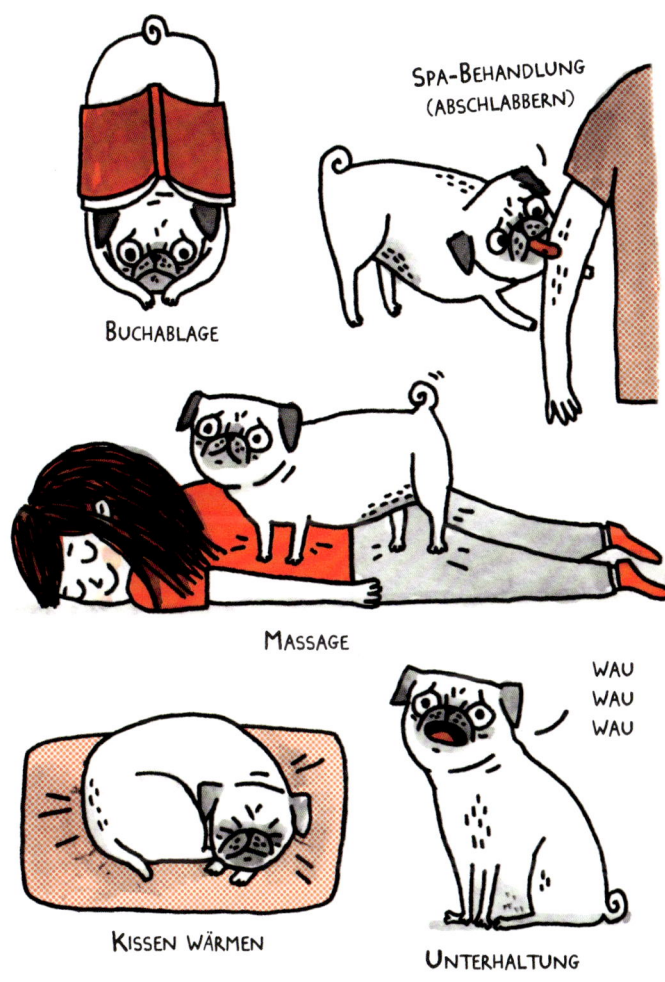

BUCHABLAGE

SPA-BEHANDLUNG
(ABSCHLABBERN)

MASSAGE

KISSEN WÄRMEN

WAU
WAU
WAU

UNTERHALTUNG

SCHNARCHEN

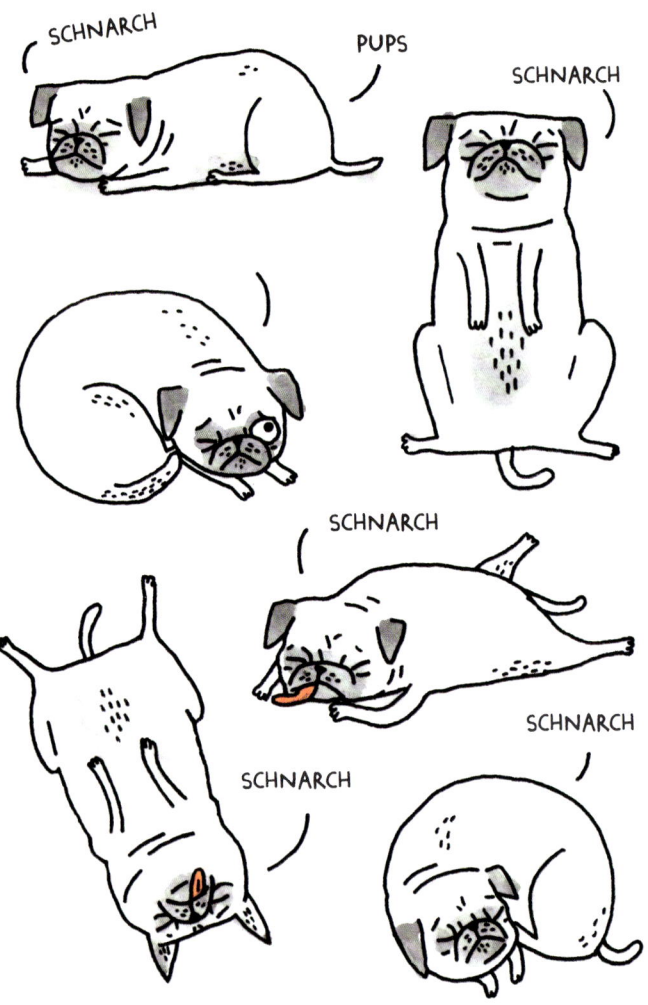

Es ist Vorrecht eines jeden Mopses, zu schnarchen.
Laut und ausgiebig zu schnarchen.

Im Schlafgemach

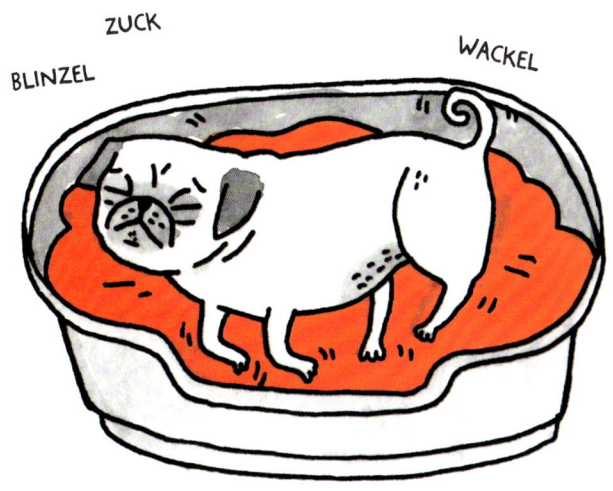

ZUCK

BLINZEL

WACKEL

Ein vorbildlicher Mops wird immer den Allein-
unterhalter spielen, selbst wenn er schläft.
Er sollte im Schlaf hin und wieder extravagant
zucken und ungewöhnliche Geräusche von sich
geben, während er vorzugsweise reichlich sabbert.

Mops-Stellungen

Der Beleidigte

Der Faulenzer

Der Bauchkrauler

Der Seufz-Dehner

Der Vorwurfsvolle

Der Fläzer

Der Simulant

Die Kinnstütze

Der Pfotenringler

Der Abwärtsgerichtete Hund

Der Frosch

DER RÜCKSCHNÜFFLER

DER UNMUTS-DUCKER

DER KOPF-KIPPER

DIE MIEZEKATZE

DER AUFSITZER

DER VERLEGENHEITS-SCHLECK

DER PIONIER

DER DENKER

DER RUNDUM-STRETCH

DIE SEIT-STÜTZE

DER ABSPANNER

KAPITEL 3

UNTERHALTUNG

TÜCHER

Tücher, ergattert aus Handtaschen und Rucksäcken deiner Gäste, geben köstliche Appetitanreger ab.

TISCHMANIEREN

Ein ehrbarer Mops wird sich während einer
Mahlzeit stets in unmittelbarer Nähe zum
Gastmenschen unter dem Tisch platzieren,
um so viele Leckerbissen wie möglich auf-
zufangen.

ABWASCH

Es gilt als Inbegriff höchster Anstößigkeit,
Essensresten jeglicher Art zu gestatten,
ungefressen auf dem Geschirr zu verbleiben.

WASSERLOCH

Sämtliche gesellschaftlichen Umgangs-
formen können am Wasserloch getrost
vergessen werden. Hier ist es ratsam,
sich ins Volle zu stürzen und eine größt-
mögliche Mopserei zu veranstalten.

GÄSTE UNTERHALTEN

Während jeder gepflegten Dinner-Party werden deine Gäste ein wohlgeformtes Häufchen oder geräuschvolles Hinternputzen inmitten des Esszimmers zu schätzen wissen.

ÜBER DAS PUPSEN

Es gilt als Geste der Höflichkeit, laut zu pupsen, nachdem dir eine Mahlzeit serviert wurde.

BADBEGLEITUNG

Begleite alle Gäste ins Badezimmer. Erwarte
keine Extraeinladung dazu – sie werden deine
Gesellschaft stets begeistert begrüßen.

Gesellschaftsspiele

Nach Auflösung der Tafel obliegt es dir, mitreißende Spiele wie »Sachen-aus-dem-Wäschekorb-Klauen« oder »Schuhe-unter-dem-Tisch-Schnappen« für die Gäste zu initiieren.

SPIELZEUGSCHAU

Wenn es darum geht, Gäste zu unterhalten, wird ein vorbildlicher Mops stets eine Auswahl seiner Lieblingsspielzeuge vorführen.

TRICKS FÜR DIE SALONUNTERHALTUNG

»SITZ«   »PFOTE«   »HIGH-FIVE«

»MÄNNCHEN«   »TANZ«   »SAG HALLO«

Menschen (in ihrer grenzenlosen Geistes-
schwäche) werden sich selbst vom kleinsten
Repertoire an Tricks beeindruckt zeigen.
Gib deine Kunststücke aber nicht zu freimütig
zum Besten, lass dich mit Streicheleinheiten
oder Leckerlis bestechen.

KAPITEL 4

SPORT & ENTSPANNUNG

DIE MOPS-PYRAMIDE

Für deine Einführung in die Gesellschaft ist es unerlässlich, dich mit den sozialen Fähigkeiten deiner Mopskollegen vertraut zu machen. Gelegenheit dazu bietet traditionellerweise die »Pyramide«.

SPIELZEUGTESTS

SCHNÜFFELPROBE

KINNABLAGE-EIGNUNGS-TEST

GESCHMACKSTEST

KNAUTSCHKONTROLLE

BELASTBARKEITSPROBE

ZUGELASSEN!

Stürze dich nicht sofort auf jedes neue Spielzeug, das dir angeboten wird – dies wäre Ausdruck schlechter Manieren. Prüfe vielmehr erst mittels strenger Testverfahren, ob das Spielzeug es überhaupt verdient, in deine Sammlung aufgenommen zu werden.

Vergnügungen

Ein vorbildhafter Mops wird Gefallen finden an folgenden Freizeitbeschäftigungen:

NAG
NAG

SPIELZEUG-ZERKAUEN

RUTSCH
RUTSCH

PO-RUTSCHEN

ZAPPEL
ZAPPEL

LEBENDE-SPINNEN-
JAGEN-UND-VERSPEISEN

KISSEN-PLANIERRAUPEN-SPIEL

FLUSENJAGD

Flusenjagen ist eine gesunde und vergnügliche
Form des Zeitvertreibs.

Ballspielen

> UND WAS BITTE SOLL ICH DAMIT?

Lass dich niemals dazu herab, »Bring-den-Ball« zu spielen — es zeugt von mangelnder Noblesse und sollte niederen Kreaturen überlassen werden, wie Labradoren und Menschen.

VERAUSGABUNG

Anstrengende Aktivitäten sollten auf ein Minimum begrenzt bleiben, mit Ausnahme der obligatorischen drei »Mops-Sausen« pro Tag.

Entscheidungshilfe

Soziale Veränderungen betreffend sollte sich der Mops über sämtliche Aspekte der Besitzerwohnung stets auf dem Laufenden halten.

LEBEWOHL-SAGEN

SIE WIRD DAS ANGEKAUTE
SCHWEINEOHR **LIEBEN**, DAS
ICH IHR AUFS KISSEN
GELEGT HAB.

Ein vorbildlicher Mops wird ein Lebewohl stets mit
einem kleinen Abschiedsgeschenk für seinen Gast-
geber kombinieren, der zweifellos entzückt sein
wird, einige Minuten später zufällig darüber zu
stolpern (vorzugsweise barfuß).

KAPITEL 5

STRASSEN- ETIQUETTE

BELLEN

Es ist absolut angemessen zu bellen,
wann immer du es für nötig hältst,
zu jeder Tageszeit – insbesondere nachts.

Ein Mops sollte jede Gelegenheit zum Bellen
nutzen, Gründe sind absolut unnötig.

DU KANNST BELLEN ANGESICHTS VON:

MÜLLBEUTELN

UNBELEBTEN GEGENSTÄNDEN

FURCHTERREGEND GROSSEN HUNDEN

KLEINEN KINDERN

EINEM STAUBSAUGER

DEINEM SCHATTEN

In Anbetracht von Schlechtwetter

Weder verlässt ein vornehmer Mops bei Regen
freiwillig das Haus ...

PFÜTZEN VERMEIDEN

... noch lässt er sich dazu herab, Pfützen zu durchqueren.

DAS TÄGLICHE GERICHTSVERFAHREN

Die Suche nach dem perfekten Ort für dein
Morgengeschäft sollte sich ganz nach deinem
Ermessen richten und stets länger als zehn
Minuten in Anspruch nehmen. Insbesondere
wenn es schneit.

DER GASSI-TANZ

Nach Vollstreckung ebengenannter Pflichten schickt es sich, einen Tanz aufzuführen.

FIG. 1: DREIFACHER LINKSKICK

FIG. 2: DREIFACHER RECHTSKICK

FIG. 3: FREESTYLE

BEGRÜSSUNGSREGELN FÜR DIE STRASSE

Bedenke alte Bekannte stets mit höflichem
Hinternschnüffeln und Gesichtsschlabbern.

Fremde können wahlweise mit misstönendem
Gekläffe oder grundlosem Abschmusen begrüßt
werden – ganz nach deinem Ermessen.

Vom Umgang mit Menschen-Palaver

Als Mops wirst du dir oft unhöfliche Bemerkungen bezüglich deiner Rasse und deiner frappierenden Ähnlichkeit zum »Hund aus *Men in Black*« gefallen lassen müssen. Aber hab Mitleid mit den ahnungslosen Seelen — der schlecht erzogene Pöbel weiß es einfach nicht besser.

STINK-WÄLZEN

FIG. 1

FIG. 2

FIG. 3

Sollte dir etwas unter die Pfoten kommen, das tot oder bereits halb verrottet ist, empfiehlt sich die oben detailliert beschriebene Wälz-Zeremonie.

Schnüffeln

Eine der wohl schönsten Vergnügungen eines jungen Mopses ist das Schnüffeln der delikaten Morgenluft. Sie sollte tief inhaliert und intensiv genossen werden, wie ein Napf guten Wassers.

Worte zum Geleit

Vor allem aber solltest du dir als Mops-Geborener, stets vor Augen halten, welch edle Kreatur du bist, und dir deiner Rolle als wahrer Herr des Hauses voll bewusst sein.

Und errinnere DIE auch immer daran.

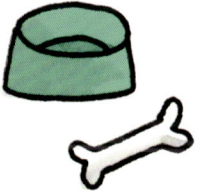

DANK

All meine Liebe und Dankbarkeit gilt Anthony, meinem Mann, Studio-Partner und Kaffeepausenkumpel; meiner mich stets unterstützenden Familie und natürlich Mr. Pickles und Bella, meinen süßen, stinkigen kleinen Musen, deren perfekte Etikette nie zu wünschen übrig lässt.

Dank an alle von Dog'n'Bone und Cico Books, insbesondere Pete Jorgensen, sowie an die Leute vom Little Red Roaster in Norwich, die mich mit so leckeren koffeinhaltigen Getränken und gebackenen Köstlichkeiten versorgt haben.